AF440319

LE ROI DE TOUS

NI VAINQUEURS NI VAINCUS

PARIS

E. DENTU, LIBRAIRE-ÉDITEUR

PALAIS-ROYAL, 15-17-19, GALÉRIE D'ORLÉANS

1883

LE ROI DE TOUS

NI VAINQUEURS NI VAINCUS

PARIS

E. DENTU, LIBRAIRE-ÉDITEUR

PALAIS-ROYAL, 15-17-19, GALERIE D'ORLÉANS

1883

LE ROI DE TOUS

———◦⊶⊙⊷◦———

I

Le Roi est mort,

Mais le Droit vit!

Les discordes publiques, les vicissitudes des partis, les malheurs nationaux peuvent opprimer pour un temps ou écarter les dépositaires, les possesseurs, les fidèles du Droit. Quant au Droit lui-même, jamais il ne chancelle; toujours il est intact.

Son heure revient toujours!

Il appartient aux hommes intelligents de prévoir cette heure, aux bons citoyens de la hâter.

En quelques mots, voilà le résumé de l'histoire de

France depuis un siècle, et la définition de la situation présente.

La mort de M. le Comte de Chambord marque une époque. Sa vie majestueuse dans l'exil l'a caractérisée.

De l'aveu et au témoignage de tous, nul n'était plus digne que lui de s'asseoir sur le trône ; et le Ciel a semblé mettre un soin jaloux à ne pas l'y faire monter.

Dans plus d'une circonstance son avènement fut possible, et il n'a pas été tenté.

Il y a dix ans surtout, la France attendait l'entrée triomphale du Roi..... Des motifs, des inspirations dont l'histoire éclaircira tout le noble mystère, firent continuer au Roi son patriotique exil.

Cependant il avait dit : Quand le moment sera venu, je monterai à cheval.

Et il avait dit d'abord : La parole est à la France et l'heure est à Dieu.

La France n'a pas parlé assez haut, Dieu n'a pas indiqué l'heure, le Roi n'est pas monté à cheval ; et, néanmoins, il a régné.

Il a régné par la grandeur de son caractère, par la noblesse de sa vertu, et par la nécessité de son Droit.

Qui osera dire qu'une telle situation devait demeurer vaine ?

M. le Comte de Chambord a été, il restera un grand exemple dans l'histoire.

Représentant énergique, incorruptible héritier d'un principe, d'une forme politiques aujourd'hui violemment attaqués et, pour un moment, vaincus, il meurt sans avoir aucun ennemi. C'est un prodige. Il y a un prodige plus grand encore dans ce temps de toutes les injustices et de toutes les colères : les pires adversaires de l'idée royale saluent hautement dans ce Prince la droiture, le désintéressement et le patriotisme de l'homme, le sang et la majesté du Roi.

Les Souverains le traitent en égal : le spectacle qu'ils donnent au monde, au moment des funérailles d'Henri V, est d'une majesté saisissante; les peuples s'émeuvent en apprenant qu'il va mourir, qu'il est mort; et les politiques appliquent aussitôt leur esprit à étudier, non point les leçons de ce passé, mais à cause de ce passé, les éventualités de l'avenir.

Tout cela est significatif

Bien d'autres princes sont morts dans l'exil, sur les marches du trône, sur le trône, sans que leur mort ait retenti profondément dans les entrailles des nations européennes, comme la mort du petit-fils de Charles X.

A la mort de Napoléon Ier lui-même, est-ce que toute l'histoire française depuis Clovis s'offrit à l'esprit comme elle s'y offre aujourd'hui? Est-ce que le lendemain était gros de tant d'incertitudes, de tant de promesses futures?

Ah! c'est que devant la tombe qui vient de s'ouvrir, ce n'est pas un passé glorieux qui s'évanouit, comme s'efforcent de le dire des calculs privés de clartés ou des espérances inspirées par des intérêts vulgaires, ou bien encore des découragements qui s'aveuglent avec leur propre douleur. C'est un héritage de douze siècles qui se déclare, c'est un Droit national qui se transmet.

Oui, ce n'est pas seulement le Droit du Roi : c'est aussi le Droit de la France.

Ce n'est point là une fin, c'est une suite qui recommence.

Ne pas comprendre ainsi le moment où nous sommes et l'événement qui le remplit, c'est fermer volontairement les yeux à la lumière.

II

Aux lueurs de la mort les grandes vérités se découvrent. La mission de M. le Comte de Chambord se dévoile aujourd'hui : elle était de garder le Droit.

Royalement fier et fidèle dans ce siècle inconsistant et rabaissé, il a gardé ce Droit contre tous, sur tous, et pour tous, comme la sentinelle attentive garde le rempart des dangers de la nuit.

Les plébicistes se succédèrent. Il importe peu de savoir s'ils étaient sincères ou habiles, tant ils furent toujours inconstants. — Le Prince exilé gardait le Droit.

Il y eut des batailles heureuses, des gloires passagères, des prospérités hâtives; il y eut aussi des revers cruels, des hontes et des ruines inouïes. — Le Prince veillait sans cesse et, personnification nationale, revendication vivante du Droit, de temps à autre il faisait retentir sa voix calme, grande, toujours écoutée.

C'est ainsi que le Droit s'est maintenu entier, prêt à sauver la France.

Au milieu des plus profonds malheurs, c'était l'espoir.

Dieu a tenu haut cet espoir au-dessus des tempêtes. Il l'a tenu haut, intact et pur. Il en a fait l'anneau destiné à réunir les passés glorieux aux féconds avenirs.

Nous disons les passés et les avenirs, parce que personne n'est exclu, parce que chaque parti vante ce qu'il fut, aspire vers ce qu'il désirerait être et a droit à ses loyales espérances dans l'unité du plus grand bien de la patrie.

Mais, au-dessus des agitations humaines, le plan divin s'impose.

Or, jamais plus qu'aujourd'hui en France, la main de Dieu ne s'est fait sentir dans les événements humains.

Un grand écrivain a dit que Dieu efface pour écrire.

En ce moment, qu'est-ce qui n'est pas effacé en France ?

Qu'est-ce qui va être écrit ?

III

Voici, croyons-nous, la conduite de Dieu.

Il a puni tous les orgueils coupables, mais il a sauvegardé tous les justes droits.

De là, en France, une situation que l'on peut définir et résumer par ces mots :

Ni Vainqueurs, ni Vaincus.

IV

Il y a douze ans, la République était née des douleurs de la France, entre deux défaites.

Depuis lors, nous l'avons vu justifier tristement cette définition qu'en donnait un de ses plus fervents adeptes : Le provisoire perpétuel.

Nous pouvons ajouter : Perpétuel et néfaste.

Elle a été autoritaire et conservatrice avec M. Thiers; parlementaire et conservatrice avec M. de Mac-Mahon; tribunitienne et révolutionnaire avec M. Gambetta, sous le nom de M. Grévy; elle est devenue persécutrice et athée; prise de peur et de vertige, elle s'offre aujourd'hui au socialisme et tombe fatalement — M. Ferry l'essaie déjà — dans la tyrannie; elle manque à ses solennelles promesses envers elle-même et envers autrui; elle est [reniée par les républicains sérieux et sincères, les Jules Simon, les Vacherot, les Littré et tant d'autres; elle est moquée par l'Allemagne, soupçonnée par tous; elle entraîne la France vers la ruine morale et matérielle !

Elle a obéré les finances publiques et elle n'y pourvoit plus que par des expédients et des accroissements d'impôts.

Elle a ouvert les administrations publiques à l'incapacité famélique des hommes les plus étrangement nouveaux.

Par des lois, des taxes, des pratiques, des théories tantôt absurdes, tantôt violentes, elle a compromis l'industrie, le commerce, l'agriculture, et soumis la vie économique de la France au hasard de ses caprices audacieux et à l'exploitation de l'étranger.

Elle a sapé toutes les institutions nationales, mutilé l'armée, violé les tribunaux.

Elle propage officiellement dans le peuple des doctrines subversives de tout ordre social, de toute morale privée, de toute paix publique.

Au mépris des droits paternels, elle a mis une main de marâtre sur l'esprit, sur l'âme de l'enfant, et elle a défendu aux maîtres qu'elle lui impose de jamais lui parler de Dieu !

Elle s'est déclarée l'ennemie de la Religion et du

Ciel même! De l'école et de la caserne, du tribunal et des hôpitaux, elle a chassé le prêtre, l'aumônier, la sœur de charité, elle a arraché et balayé le Crucifix!

Au dehors, elle s'est fait l'entremetteuse de la Révolution.

Par sa politique folle et inepte, elle s'est aliéné toutes les Puissances, après s'être laissé toujours jouer par elles.

Elle a ruiné, en Orient, ce qui restait d'influence à la France.

Elle a aplani elle-même la voie à l'habileté, à l'ambition, à l'hostilité de l'Allemagne; elle a jeté dans ses bras l'Autriche, l'Italie, l'Espagne, l'Angleterre et jusqu'à la Turquie, les nations du Nord et les Principautés de l'Est.

Bien plus par les fautes et les folies de la République que par son propre génie, M. de Bismarck a entouré la France d'un cercle de fer qui demain, peut-être, deviendra un cercle de feu.

Pour donner le change au peuple qu'elle trompe et

sacrifie, elle a entrepris des expéditions insensées;
non-seulement insensées, mais coupables : parce qu'elle
prodigue étourdiment, follement, illégalement, l'or et
le sang de la France.

Ce n'était que l'honneur français qui, jadis, était
confié au drapeau de la France !....

Mais cette République a accompli de grands exploits,
elle a souffleté les libertés publiques et privées, elle a
chassé des charges publiques l'élite de l'intelligence
et de l'honnêteté françaises, elle a violé et supprimé le
domicile des citoyens les plus purs; et, en même
temps, elle a rappelé en France, rétabli dans tous
les droits et enrichi de subsides publics ceux que
la Justice avait condamnés devant les ruines encore
fumantes et sanglantes de la plus horrible des guerres
civiles se faisant l'auxiliaire de l'invasion étrangère !

La haine au dedans, la guerre au dehors, la ruine
partout !
La vie de cette République est donc la mort de la
France.

V

On a dit qu'elle ne vivait que par la division et l'inertie des partis monarchiques.

C'était vrai.

Mais aujourd'hui Dieu y a pourvu. Il ne veut pas que la France périsse.

C'est d'abord la République honnête, conservatrice, qui a commencé de disparaître avec M. Thiers.

Puis la République dictatoriale et punique, avec M. Gambetta.

Dans une lointaine auréole de courage et de gloire est mort le jeune Prince accompli sur qui se fondait le parti bonapartiste. Ce parti, malgré ses efforts, n'a plus retrouvé un chef qui puisse être par tous accepté.

Dans l'entrevue du 5 août 1873, à Frohsdorf, M. le Comte de Paris, cédant à une haute intuition politique et guidé en même temps par un patriotisme vraiment royal, unissait étroitement, confondait le parti orléaniste, le parti libéral, avec le parti légitimiste.

On put dire alors justement qu'il ne restait plus en présence que la Royauté et la Révolution, c'est-à-dire le Droit et l'usurpation, la Monarchie nationale et la pire des Républiques.

Mais beaucoup de volontés hésitèrent à mettre en pratique le choix qui s'imposait à elles.

Déclarons-le franchement : des préjugés obsédaient la nation.

La calomnie révolutionnaire persistait à la tromper en exhumant des fantômes de l'ancien régime.

On faisait argument de tout, même de ce que les amis les plus fidèles de M. le Comte de Chambord portaient de grands noms.

Les mots ont souvent un pouvoir redoutable, et les sophismes de terribles influences.

Pourtant, on ne pouvait nier que le principe historique, politique, national, incarné dans M. le Comte de Chambord, ne fût le Droit et ne dût être le salut de la France.

C'est pourquoi on le respectait.

Mais on ne l'appliquait pas.

Cependant, à chaque heure, la France faisait un pas de plus vers l'abîme.

Alors la Providence a relevé le Gardien Royal de sa noble faction. Les temps sont venus ; et les événements nous donnent leurs avertissements solennels.

L'Héritier sans reproche et sans faiblesse des rois de France a maintenu intacts contre la Révolution toujours plus violente et contre les habiletés politiques toujours plus vaines, le Droit et la Tradition monarchiques de la France.

Et voici le moment où, sous peine de mort pour notre patrie, ce Droit doit agir et cette Tradition reparaître.

Ils passeront donc de celui qui avait mission de les conserver à celui qui doit les mettre en œuvre.

On parle de temps nouveaux, mais les principes antiques sont la base nécessaire.

Il convient donc que les principes antiques soient confiés désormais à des mains nouvelles; que la Monarchie française se perpétue, et que la branche aînée, qui n'a plus d'héritier direct, transmette maintenant le légitime héritage de cette monarchie à la branche cadette.

Et que cette hérédité s'accomplisse en face du respect de la Nation et de la réunion patriotique de tous les partis honnêtes.

Ainsi le veulent l'intérêt, l'honneur et l'avenir de la France.

C'est pourquoi, devançant le temps et nous plaçant au lendemain de l'avènement que l'avenir nous promet, en présence de M. le Comte de Paris enfin devenu Roi de France, nous disons :

Légitimistes, vous n'avez pas le droit d'hésiter devant le Roi nouveau. Par sa naissance et, s'il en était besoin, par la désignation d'Henri V; il est le souverain légitime. Les embrassements de Frohsdorf ont été un sacre, comme la mort de M. le Comte de Chambord a été l'investiture salique. Qui de vous reprochera cette mort à Dieu, ces embrassements au petit-fils d'Henri IV, cette loi à nos pères? — Donc, voilà votre Roi !

Orléanistes, libéraux, sans rien perdre de vos souvenirs, sans fausser en rien le Droit national qui si justement vous est cher, vous acquérez aujourd'hui la légitimité en l'absence de laquelle rien ne se consolide. Vous pouvez vous féliciter maintenant d'une Royauté qui n'aura plus d'ombres. — Voilà plus que jamais votre Roi !

Bonapartistes, sans réveiller vos trop justes douleurs, n'oubliez pas que Dieu vous a parlé par un noble et glorieux sacrifice. Cette mort est éloquente comme celle de l'héritier des vieux rois. Mais qu'attendiez-vous de ce jeune Prince, si généreux et si pur qu'aucun autre n'a pu le remplacer pour vous? Vous attendiez le bien de la France, un gouvernement chrétien, une liberté sincère, une autorité vraiment forte. Ne sont-ce point là les caractères précis de la Royauté renouvelée que les évènements font ainsi apparaître et grandir, unique et féconde, aux yeux enfin consolés de la patrie ? — Elevez vos cœurs : voilà le Souverain, c'est le Roi !

Et vous, Républicains ; Républicains honnêtes et sincères, vous qui avez gémi déjà tant de fois des injustices et des folies que des sectaires commettent sous le masque de la République; vous qui avez le culte loyal de la liberté et qui protestez, qui vous retirez de peur qu'on vous confonde avec ces meurtriers de toutes les libertés, vous n'oublierez pas, devant ces infidélités trop coupables, que vos prédécesseurs diront un jour de cette Royauté qui renaît plus grande et plus forte : Elle est la meilleure des Républiques !

Français enfin, qui que vous soyez, plus attachés aux souvenirs ou plus ardents aux espérances, hommes de la tradition ou hommes nouveaux, quelle confiance pourrez-vous refuser à la Royauté française rajeunie? Elle a ses racines profondes dans le vieux sol de la patrie, et une sève toute jeune étend l'ombrage de ses rameaux sur les sillons de l'avenir. Par une loi qui lui est naturelle, essentielle, cette monarchie sauvegarde à la fois les intérêts moraux et les intérêts matériels. Rien de ce qui a été bien fait n'est à refaire pour elle. M. le comte de Chambord disait qu'il voulait être le Roi de tous, qu'il demandait seulement le talent et l'honnêteté. M. le Comte de Paris ne peut pas avoir un autre programme et il saura appeler, retenir autour de lui, en respectant et en consolidant leurs intérêts et leurs droits acquis, tous les hommes, toutes les œuvres qui ont travaillé, qui travaillent, qui travailleront utilement et droitement pour la France.

Quels dissidents restera-t-il donc? Les ambitieux égoïstes qui sacrifient la France à leurs passions insatiables, à leurs vanités ridicules; et ces malheureux également incapables et indignes de repos, que l'idée de l'ordre effraye, qu'anime seulement l'espoir des jours mauvais et qui se plaisent uniquement dans les ruines.

Mais ces ambitieux et ces malheureux tiendront-ils toute la France en échec?

VI

Français jaloux et soucieux de la France, il faut donc prévoir, il faut surtout vouloir l'avènement de cette Royauté en qui se réunissent et se confondent désormais le Droit séculaire et national, la grandeur

du passé, la consécration de l'histoire, les libertés publiques, les garanties populaires et les larges aspirations de l'avenir.

Oh ! comme la France se retrouve aussitôt honorée
et puissante, sûre d'elle-même et d'autrui !

Ce ne sont plus des médiocrités encombrantes, par-
fois de nationalités diverses ou de naturalisations
récentes, qui gouvernent ses destinées ; ce ne sont plus
des hommes surgis on ne sait d'où, par les pires intri-
gues, pour faire leur fortune personnelle au détriment
de celle du pays ; ce ne sont plus des prétentieux igno-
rants qui dirigent à tâtons les affaires publiques, qui
expérimentent leur nullité aux dépens de la France et
tombent sottement dans tous les pièges de l'étranger.

Ce sont les Princes français, les dépositaires natu-
rels des traditions politiques de la France, ses pre-
miers citoyens, qui n'ont pas de fortunes à faire, pas
d'ambitions à assouvir, pas de rancunes à exercer, pas
de systèmes à tenter, mais seulement leur grand pays
à servir.

Et comme si la désignation providentielle avait
voulu être plus évidente encore, il n'est aucun des
Princes de cette illustre famille qui n'ait fait ses preuves. On les connaît, on les respecte, on les aime. Ils
ont écrit, ils ont parlé, ils ont combattu. Ils ont com-

battu comme chefs quand la France était glorieuse ;
quand elle a été vaincue, envahie, ils sont venus de
loin combattre comme simples soldats : ils ont ambi-
tionné de la servir surtout dans le malheur.

Ils sont encore sous les drapeaux.

L'Armée les y garde avec fierté, avec joie ; et, si l'on
écoutait les secrets battements de son cœur, on pourrait les traduire en ce langage : Oh ! qu'on nous rende
ces chefs qui sont de vrais soldats comme nous, et par
qui les saintes jalousies de la bravoure, de la disci-
pline et de l'honneur cesseront d'être méconnues. Ce
sera nous rendre toute notre confiance, tout notre
courage et nous assurer les futures victoires !

Oui, qu'on nous les rende, dit aussi la Marine toujours généreuse mais aujourd'hui attristée. Nous les
avons déjà suivis ; nous savons que, noblement dissem-
blables à d'autres, ils savent prendre la plus grande
part du danger et du sacrifice, et donner à tous l'exemple. Ceux-là nous respectent parce qu'ils nous connais-
sent et nons aiment.

Et cette autre force extérieure de la France, la Di-
plomatie, pourra parler alors au nom d'un gouvernement soucieux du Pays et de lui-même ; elle n'aura
plus à rougir de tels ou tels aventuriers ; elle reprendra
devant les Puissances, le rang majestueux et les

mœurs honorées qui conviennent à ceux en 'qui se personnifie la Nation chez l'Étranger ; elle redeviendra la grande France qu'on interroge avec soin, qu'on écoute avec attention et qu'on attend avec respect.

Qu'il règne donc, l'héritier de nos Rois ! Le peuple rassuré par une politique raisonnable, juste et constante, retrouve aussitôt cette paix des esprits que depuis si longtemps nous ne connaissons plus ; les intérêts matériels, sûrs du lendemain, reprennent une activité confiante et ramènent cette prospérité solide où l'apparence n'est pas trompeuse ; la fortune publique est rétablie, les consciences tranquillisées, les libertés respectées, toute Religion sagement honorée dans sa liberté respective, la morale protégée : en un mot, la France est sauvée.

Non-seulement elle est sauvée, mais elle reconquiert sa fierté nécessaire et sa légitime influence. L'étranger la reconnaissant enfin dans sa noblesse native et retrouvée, la salue de nouveau ; et l'inquiétude menaçante qui travaille l'Europe quand la France lui manque ou s'agite, fait place à de durables promesses de paix.

Et si, par malheur, des conflits venaient à surgir un jour, quelle force dans cette Royauté que des liens de famille unissent à toutes les Maisons souveraines,

que ses traditions royales intéressent à toutes les grandes préoccupations des divers États ! Quelles alliances
naturelles et puissantes pour la victoire au jour des
batailles ! Quelles amitiés fécondes au temps de la
paix !

Et pour mettre en œuvre ces forces vivifiantes, pour
conserver ce trésor national, un Prince instruit par les
expériences austères, mûri par les patriotiques douleurs, fortifié par les guerres lointaines qu'il a partagées
et racontées, grave, attentif, tout à l'étude, écrivain
admirablement français, dont un des livres les plus
remarquables a trait à la grande question sociale de
notre temps, *Les Associations ouvrières :* tant il se
préoccupe du peuple (1) ! un prince enfin à qui rien
n'est étranger dans notre siècle et qui, en outre, représentant du plus illustre passé, héritier du sang et
du trône de soixante rois, s'avance aux yeux de la
patrie et du monde, sous l'éclat des gloires et des
bienfaits que depuis douze siècles ses aïeux ont accu-
mulés pour la France.

Quelle nation repousserait un tel passé, un tel avenir
si elle en avait, comme nous, le privilège ?

(1) Nous reproduisons à la fin de cette brochure l'*Avant-propos* qui
figure en tête de ce livre de M. le Comte de Paris, afin de donner un
exemple des vues élevées, des préoccupations du bien du peuple et du
sens pratique de gouvernement qui distinguent ce prince.

VII

Il est donc logique, il est patriotique qu'un courant
national se forme pour l'avènement de cette Royauté
qui répond à tous les intérêts matériels et moraux,
s'applique à tous les besoins publics et privés et ré-
sume, dans la position exceptionnelle où les événements la placent, toutes les grandeurs et toutes les
forces du passé, du présent et de l'avenir.

Le peuple est mûr pour ce bonheur.

A ne considérer que les élections, il est incontestable
que la majorité du pays se fatigue et se résigne à ne
plus avoir action sur les affaires publiques. Cette élo-
quence des abstentions est convaincante.

Parmi ceux qui votent encore, les uns ne sont pas
libres : la tyrannie des administrations républicaines
les pousse et les tient; les autres subissent des influences, des ambitions, des promesses...; les derniers
enfin obéissent à des mots d'ordre qui les trompent ou
à des haines sociales qu'un bon gouvernement sait
apaiser, et qu'il doit savoir contenir si elles sont
irréconciliables.

Mais existerait-il, comme on pourrait le croire, une

masse d'affamés et d'envieux pour soutenir quand même la République? Non! c'est là une minorité qui s'évanouira dès que les intérêts moraux et matériels pourront espérer des satisfactions raisonnables.

Les seuls hommes dangereux sont les ambitieux qui se servent de la puissance publique pour tromper et entraîner le peuple. Mais ceux-là, personnalités mesquines, sont déjà condamnés par leurs œuvres : il suffit de les démasquer. Ils ne résisteront pas aux comparaisons écrasantes établies entre eux et les hommes qui sont vraiment l'élite de la Nation.

A leur manière et sans en avoir conscience, ils coopéreront eux-mêmes au rétablissement d'un gouvernement sage et salutaire.

VIII

On le répète de toutes parts : Il faut des actes, des actes !

Nous ne saurions deviner la pensée des Princes.

Ce dont nous sommes sûrs, c'est qu'ils ne manqueront pas à la Patrie. Que la Patrie ne manque pas à elle-même.

Citoyens, électeurs, Français, par l'action calme de chaque jour, par le vote personnel, sans secousse mais aussi sans faiblesse, enfin par une organisation conforme aux lois et consciente d'elle-même, entrez dans le chemin du Roi, et vous l'y verrez marcher.

Vous l'y verrez marcher sans faiblesse, avec le calme que la force inspire.

On peut dire que, depuis un siècle, le divorce existe entre le Pouvoir et le Pays. On ne s'étonne plus des coups d'État ni des révoltes! C'est la puissance brutale qui mène, surtout en République, et non là confiance mutuelle qui dirige. C'est pourquoi, de temps en temps, périodiquement, une insurrection brise la puissance.

Cette manière d'être est contre nature.

La souveraineté nationale, union du Roi et du Peuple, n'existe plus. Elle est remplacée, usurpée, alternativement, par l'irruption populaire et par la tyrannie individuelle ou oligarchique; et ce sont là deux schismes.

Là se trouve la source des discordes civiles et des malheurs nationaux.

Il faut dissiper ce malentendu mortel; il faut rétablir l'union vivifiante de l'autorité qu'on respecte et de la liberté qu'on pratique.

Si nous comprenons bien la situation présente, si

nous comprenons bien le caractère plus précis qui lui est donné par l'attitude droite de M. le Comte de Paris à Frohsdorf et par son attitude calme depuis sa rentrée en France, c'est vers ce but si désirable que nous marchons.

M. le Comte de Paris est de son pays et de son temps ; il aime et respecte la France ; il ne s'imposerait pas à elle.

Mais il est, en France, le souverain et légitime représentant du principe monarchique.

Ce principe, il ne le délaisse ni ne l'oublie. Le devoir qui en résulte, qai en résultera pour lui, il le connaît et il saura le remplir.

Lorsque la Nation cherchera le salut dans le retour à ce principe, elle trouvera M. le Comte de Paris tout prêt à accepter la grande mission de dissiper le malentendu qui nous ruine et de réconcilier, puisqu'il faut ainsi parler, le bienfait de l'hérédité monarchique avec les immunités de la société moderne.

Car, en vérité, tout est prêt, tout concourt à fermer enfin l'ère lamentable de nos discordes et de nos malheurs.

La République hypocrite, avec les preuves qu'elle a données de son incapacité.

La République sincère, avec l'expérience de ses

déceptions et ses aspirations sagement démocratiques.

Les Bonapartistes, avec leurs souvenirs loyaux, leur patriotisme actif et vigoureux.

Ceux qui furent les Orléanistes et ceux qui demeurent les Légitimistes, avec leurs acclamations égales et unanimes en faveur du Prince sur qui repose le Droit monarchique et national.

Il sera vraiment le *Roi de tous,* un roi à l'avènement duquel il n'y aura *ni vainqueurs ni vaincus,* un roi que pourront acclamer les ouvriers comme les patrons, les nobles comme les bourgeois, les républicains désabusés comme les légitimistes en deuil du Comte de Chambord et les bonapartistes en deuil du Prince Impérial.

La volonté nationale concourra ainsi avec la volonté divine pour relever la Monarchie et, par cette Monarchie, la France.

Parce que le jour où, en vertu de ce double droit, où par la grâce de Dieu et la volonté nationale, M. le Comte de Paris, héritier des Rois, montera sur le trône de France, il sera par son éducation, par ses goûts, par ses idées, par son caractère, en pleine harmonie avec les besoins et les aspirations de notre époque.

Depuis la Révolution, pareille fortune n'a été accordée à aucun chef d'Etat.

Le malheur des temps n'a permis ni aux Bona-
parte, ni aux Bourbons, ni aux d'Orléans, d'inspirer
une égale sympathie à toutes les classes de la Nation.
Dans la lutte des partis, on a pu reprocher tour à tour,
à ceux-ci ou à ceux-là, de s'appuyer tantôt sur la noblesse et le clergé, tantôt sur l'ouvrier et le paysan, ou
sur le bourgeois.

Tout autre est la situation faite au petit-fils du roi
Louis-Philippe par la mort du petit-fils du roi Charles X, par la mort du fils de Napoléon III, par le dis-
crédit du prince Napoléon, par les fautes de la République.

Cette situation unique lui permet et lui impose de
s'appuyer à la fois sur les classes supérieures, sur les
classes moyennes et sur le peuple.

Il ne veut, il ne doit, il ne peut se laisser amoindrir
par des préférences, qui seraient impolitiques autant
que coupables, pour aucune secte, pour aucun parti.

La France entière se trouve donc réunie instincti-
vement, par la force des événements, autour du trône
nouveau qui s'élève sur les fondements antiques; et,
d'une frontière à l'autre, du passé à l'avenir, au nom
du Droit, de l'honneur, du salut de la Patrie, les bons

citoyens doivent tous aspirer aujourd'hui, tous ils doivent travailler à rétablir, dans ce qu'il y a de bon et en profitant de l'expérience et du progrès des siècles, ce magnifique ensemble de libertés sages et fécondes, de dévouements réciproques, d'institutions puissantes et de grandeurs nationales qu'aux jours les meilleurs de notre histoire, nos pères, peuple libre, fier et fidèle, aimaient à formuler dans ce cri filial et triomphant : Vive le Roi !

LES
ASSOCIATIONS OUVRIÈRES
EN ANGLETERRE
(Trades-Unions)

PAR

M. LE COMTE DE PARIS

(Chez Germer Baillière, Paris)

AVANT-PROPOS

Nous devons un mot d'explication au lecteur qui veut bien parcourir ces pages. Elles pourront lui paraître remplies de détails spéciaux : le sujet même semblera, sans doute, tout à fait technique. Mais nous espérons que, dans cette question qui vient d'être pour nous l'objet d'assez longues recherches, il verra, comme nous, un intérêt général et pressant.

Quand nous parlerons de l'ouvrage des maçons, des forgerons ou des tailleurs, que nous examinerons scrupuleusement l'organisation financière de leurs sociétés, nous ne prétendrons faire cependant ni un essai sur l'industrie, ni un cours de statistique ; notre but sera d'étudier, sans parti-pris, un sujet qu'il importe de discuter à un point de vue exclusivement pratique. Nous trouvons un grand intérêt à suivre le développement des associations ouvrières, parce qu'il faut, d'une part, envisager sans illusion les dangers qui peuvent naître d'un fait désormais nécessaire, et, de l'autre, parce que, malgré ces dangers, nous sommes convaincu que ce développement peut être utile, non-seulement à ceux qui en attendent une légitime amélioration de leur sort, mais aussi à la société tout entière. Il nous semble que l'application nouvelle du principe fécond de l'association, non-seulement assurera à la société un profit matériel et un accroissement de la richesse publique, mais lui rendra, dans l'ordre moral, des services plus importants encore. Elle contribuera à montrer tout ce qu'il y a de spécieux et de funeste dans la prétendue opposition d'intérêts entre le capital et le travail. Nous ferons voir ces deux éléments de la prospérité publique en tout pays, tantôt engagés dans une lutte contre nature, tantôt, au contraire, retrouvant toute leur puissance par une heureuse alliance.

Les exemples que nous avons à donner prouveront, nous l'espérons, combien ces éléments sont solidaires, et peut-être alors notre travail ne paraîtra-t-il pas inutile au lecteur. Lorsqu'un navire est pris par les brouillards dans une mer semée de récifs, on jette la sonde à tout moment, et l'on interroge avec soin, comme des indices précieux de la route à suivre, les moindres objets que le plomb ramène du fond des eaux. Au milieu des incertitudes qui enveloppent l'avenir de la France, on ne saurait ner de trop fréquents coups de sonde dans le sillage de nos voisins, qui naviguent entourés des mêmes périls. Pour que ces recherches ne soint pas inutiles, il faut tenir compte de tous les les détails propres à éclairer une question aussi grave et qui nous touche tous également.

Dans le cours de ce travail, inspiré par le spectacle du jeu des institutions d'un pays libre, nous nous sommes efforcé d'user, avec impartialité, du droit appartenant à chacun d'apprécier des actes qui ont été l'objet d'une discussion publique entre les intéressés. Nous espérons avoir réussi à rendre la justice qui leur est due, tant à ces puissants industriels qui contribuent, par leur intelligence, aux véritables progrès de la civilisation, qu'à cette population ouvrière, probe et laborieuse, qui par ses qualités solides fait la force et l'honneur de toutes les grandes nations.

LOUIS-PHILIPPE D'ORLÉANS.

Twickenham, 15 mars 1869.

Paris. — Imp. Balitout, Questroy et Cᵉ, 7, rue Baillif.